AF358380

LEMERCIER DE NEUVILLE

FIVE O'CLOCK TEA

DIALOGUE POUR L'ENFANCE

PRIX : **1 franc**

PARIS

LIBRAIRIE THÉATRALE

14, RUE DE GRAMMONT, 14

1889

FIVE O'CLOCK TEA

DIALOGUE POUR L'ENFANCE

Imprimerie générale de Châtillon-sur-Seine. — M. Pepin

FIVE O'CLOCK TEA

DIALOGUE POUR L'ENFANCE

PAR

LEMERCIER DE NEUVILLE

PARIS

LIBRAIRIE THÉATRALE

14, RUE DE GRAMMONT, 14

—

1889

PERSONNAGES :

LUCE, de 8 à 12 ans.
MARIE,   id.

Ce dialogue est extrait du volume *Les Enfants au salon*, du
même auteur.

FIVE O'CLOCK TEA

— LE THÉ DE CINQ HEURES —

Un canapé à gauche, au milieu duquel sont placées deux poupées.
A droite, un guéridon chargé de gâteaux et de thé, avec deux
chaises auprès.

———

LUCE, MARIE.

LUCE, entrant, allant saluer sa poupée.

Bonjour ! c'est moi ! Pardon ! je suis tout essoufflée !

Elle s'assied sur le canapé, à gauche des poupées.

Je viens du *Bon Marché*; Dieu ! quel horrible temps!

MARIE, entrant, s'adressant aux poupees et à Luce.

Bonjour, chère ! Bonjour, Luce! quelle journée!
Vraiment, je n'en puis plus !

Elle s'assied à droite des poupées.

J'arrive du *Printemps* !

LUCE.

Vous aimez le *Printemps* ?

MARIE.

Un magasin modèle,
Ma chère, on trouve tout, on fait tout déplier
Et on n'achète pas, si l'on veut. Pleins de zèle,
Les commis sont charmants, puis, c'est dans mon quartier.

LUCE.

Je vais au *Bon Marché*, moi, c'est la même chose.

MARIE.

Chacun son goût !

LUCE.

C'est vrai !

MARIE.

Qu'avez-vous acheté ?

LUCE.

Une robe ! Un bijou ! C'est une étoffe rose
Et qui fera fureur, à coup sûr, cet été.
On se l'arrache ! — Mais c'est cher ! Je me ruine !

MARIE.

Moi, j'ai pour mes bébés pris de la grenadine,
C'est simple, c'est léger, et puis très bien porté !

LUCE, à la poupée qui est près d'elle.

Comme nous, avez-vous fait des achats, madame ?

Non ?... Car vous êtes sage et vous avez raison.
Vous ne vous laissez pas prendre par la réclame
Et vous savez tenir très bien votre maison.
Vous dites ?... Un gâteau ?... Ma foi, je vous avoue
Que je me meurs de faim, j'accepte avec plaisir.

> Elle se lève et se regarde dans la glace en passant, et en-
> suite elle prend dans sa poche une bonbonnière de poudre
> de riz et s'en sert.

Ah ! remettons un peu de poudre sur ma joue !
C'est cela !... Moi, le froid me fait toujours rougir !

> A Marie.

Accompagnez-moi donc. Marie ?

> Marie se lève et la suit au guéridon

— Ah ! de la crême !

C'est divin ! Ces nougats sont-ils assez tentants ?
Et ce flan ? — Les gâteaux ! d'abord moi, je les aime.
A m'en faire mourir !... mais je m'arrête à temps !

> MARIE, s'asseyant.

Tant mieux !

> LUCE, assise et mangeant des gâteaux.

Un jour, avec mon grand cousin Emile,
Nous avons parié d'en manger chacun dix.
Dix ! des gros ! j'ai gagné ! — J'en aurais mangé mille !
Mon cousin n'est allé pas au-delà de six ;

Encore le dernier, c'était vraiment comique
De le voir s'escrimer dessus *ab hoc, ab hac* !
Si c'est ainsi que l'on mange à Polytechnique,
Nos généraux futurs ont bien piètre estomac !...

MARIE.

Nos généraux futurs, je les en félicite,
Ont l'estomac moins grand que le cœur !

LUCE.

Sur ma foi,

Un solide mangeur a pour moi du mérite !

MARIE.

Un grand cœur a bien plus de mérite pour moi !

LUCE, offrant des gâteaux.

Encore un ?

MARIE.

Non ! merci, je n'ai plus faim, ma chère !

Vivement, avec répugnance.

Ah! ces gâteaux !

LUCE.

Quoi donc !

MARIE.

Rien.

LUCE.

A quoi pensez-vous ?

MARIE.

Je pense aux malheureux qui font si maigre chère !
Tandis que le bien-être existe autour de nous.

LUCE.

Que voulez-vous ? Chacun ne peut pas être riche.

MARIE.

C'est vrai ! Mais je voudrais alors que l'homme heureux
Envers les pauvres gens ne fût pas aussi chiche,
Et que sa large part fût séparée en deux.

LUCE.

Vous voudriez alors que ma femme de chambre
Comme moi prit son thé, dépensât comme moi.
Eût comme moi son linge avec un parfum d'ambre
Et fît...

MARIE, l'interrompant.

Vous vous moquez, Lucette, je le voi !
Non ! Mais je vais parfois, avec ma bonne mère,
Dans les taudis, sans air l'été, — l'hiver sans feu ;
J'y vois de pauvres gens flétris par la misère
Sans forces, sans espoir, attendant tout de Dieu !

LUCE.

Ce n'est pas gai !

MARIE.

C'est vrai ! Pourtant quelle est ma joie,
Quand après un secours donné discrètement,
J'aperçois tout à coup leur œil sec qui se noie
De larmes, quand j'entends leur doux remerciement,
Quand je vois se nourrir la famille affamée,
— La mère ayant servi tout d'abord chaque enfant
Et quand ensuite, — après la porte refermée,
Ma mère sur moi jette un regard triomphant !

LUCE, cessant de manger.

J'ignore ce bonheur, moi qui n'ai pas de mère !

MARIE.

Mais venez un beau jour avec moi !

LUCE.

Nous verrons !
Je n'ai pas le cœur dur, croyez-le.

MARIE.

Je l'espère !
Prenons jour, voulez-vous ?

LUCE.

Qu'est-ce que nous ferons ?

MARIE.

Une farce !

LUCE.

J'en suis !

MARIE.

Mais une farce honnête!

LUCE.

Bien entendu! — D'abord est-il sûr qu'on rira?

MARIE.

J'en réponds! — Dans huit jours, de Noël c'est la fête :
Si vous voulez m'aider, voici ce qu'on fera.

LUCE.

J'écoute!

MARIE.

Mais d'abord, il faut que je vous dise
Qu'il faudra ce soir-là, — car ce sera le soir! —
N'avoir pas un accès subit de gourmandise...

LUCE, malignement.

Je tâcherai!... Pourtant on ne peut pas savoir!

MARIE.

Non, non! promettez-moi...

LUCE.

Soit! Que faudra-t-il faire?
Vous me faites languir! Allons, vite! abrégez!

MARIE.

Ecoutez! A minuit! C'est l'heure du mystère!
Vous m'accompagnerez chez mes chers protégés.

Vous mettrez une robe blanche, une couronne
De papier doré.

LUCE.

Bien! je me déguiserai,

Ça va!

MARIE.

Vous ne direz pas un mot, — à personne!...

LUCE.

Mon rôle est déjà su.

MARIE.

          C'est moi qui parlerai.
Vous tiendrez à la main un panier plein de choses
De toute espèce : bas, tricots, joujoux, gâteaux,
Bonbons, linge; le tout orné de faveurs roses
Et bien caché, car nul ne doit voir nos cadeaux.
Alors, toutes les deux, nous ferons nos visites.
— Il nous faudra monter parfois tout près du ciel,
Comme aussi pénétrer dans de bien tristes gîtes! —
Et là, j'annoncerai : — « La mère de Noël! »
Oui, du petit Jésus l'on vous croira la mère!
Et vous verrez alors les yeux tristes et doux
De ces pauvres enfants, martyrs de la misère,
Avec étonnement se diriger sur vous.
Ensuite je dirai ce que Noël leur donne;
C'est là que nous rirons en voyant leur gaîté!

LUCE.

Vous êtes, ô Marie, une bonne personne :
Je veux m'associer à votre charité!
Oui! ce plaisir nouveau, je saurai le comprendre!

MARIE, regardant sa montre et se levant.

Quoi! sept heures déjà? Le temps passe en goûtant.

LUCE, se levant.

C'est l'heure où mon cocher doit revenir me prendre
Venez-vous avec moi?

MARIE.

Merci, le mien m'attend'

Elles se dirigent vers les poupées.

LUCE, à sa poupée.

Adieu, madame!

MARIE, même jeu.

Adieu, madame!... Je vous prie.

Ne vous dérangez pas!

LUCE.

Demeurez! — Vous savez.

Je reçois le mardi...

MARIE.

Moi, le jeudi!

LUCE, à la porte, embrassant Marie.

Marie!

Je vous aime! Vous êtes bonne!... Allons, venez!

Elles sortent.

LUCE, rentrant.

Du projet de Marie encor toute frappée,
Je rentre... Car enfin il est bien naturel
Qu'au fond de mon panier je glisse ma poupée,
Puisque c'est moi qui suis la mère de Noël!

Elle prend sa poupée et sort.

FIN

PIÈCES POUR L'ENFANCE

	Garçons.	Filles.	Prix.	
Les Bavardes.	»	2	1	»
La Cigale et la Fourmi	»	2	1	»
Les deux Gascons.	2	»	1	»
Les deux Moineaux	1	4	1	»
L'Ecole buissonnière	2	»	1	»
Fiancés en herbe	1	1	1	»
Five O'clock tea	›	2	1	»
Une grave affaire	2	2	1	»
Nô !.	2	»	1	»
Pensum (charade)	1	2	1	»
Petite Maman	»	4	1	»
Le Petit Monde.	1	2	1	»
La petite Princesse.	«	2	1	»
Les petits ambitieux	1	1	1	»
Les petits révoltés	1	3	1	»
Quand nous serons grandes ! . . .	»	3	1	»
Le Renard et le Corbeau. . . .	2	»	1	»
Rêves d'avenir.	2	»	1	»
Les Révoltes de Liline.	»	2	1	»
Vive le Général !	2	4	1	»

Imprimerie générale de Châtillon-sur-Seine. — M. Pepin.